DE LA

SUCCESSION
AU TRONE D'ESPAGNE

ET

DE LA CONVOCATION DES CORTÈS

POUR LE 20 JUIN 1833.

Il reste à la même librairie un petit nombre d'exemplaires de l'ouvrage suivant du même auteur :

Considérations sur la Révolution d'Espagne de 1820, *et sur l'intervention de la France;* servant de développement à une *opinion* prononcée dans la séance de la Chambre des Députés, le 6 mars 1823, imprimé par ordre de la Chambre. Troisième édition. Prix 4 fr. et 5 fr. franc de port.

Cet ouvrage a été traduit en espagnol et en allemand.

DE LA

SUCCESSION AU TRONE D'ESPAGNE

ET

DE LA CONVOCATION DES CORTÈS POUR LE 20 JUIN 1833.

PAR M. CLAUSEL DE COUSSERGUES,

ANCIEN DÉPUTÉ, ANCIEN CONSEILLER A LA COUR DE CASSATION.

Paris,

A. PIHAN DE LA FOREST,

IMPRIMEUR DE LA COUR DE CASSATION.

1er JUIN 1833.

TABLE
DES CHAPITRES.

Le chiffre romain marque le renvoi aux pièces originales ; le chiffre arabe indique les notes.

DE LA SUCCESSION
AU TRONE D'ESPAGNE

ET

DE LA CONVOCATION DES CORTÈS

POUR LE 20 JUIN 1833.

OBJET DE CET ÉCRIT.

JAMAIS événement politique ne causa plus de surprise que la révocation de la *Pragmatique de Philippe V*, prononcée à Madrid par Ferdinand VII, le 31 mars 1830 (1). Les journaux annoncèrent que le roi de Naples, qui était à Madrid où il avait accompagné la jeune reine sa fille, avait protesté, par son ambassadeur, comme descendant de Louis XIV, contre un acte qui allait ouvrir à une maison étrangère l'accès du trône d'Espagne, et détruire ainsi l'œuvre du grand roi. La France en fut profondément blessée : on parla des protestations de Charles X et du duc d'Orléans; mais bientôt la révolution des *Journées* de Juillet absorba tous les esprits, et l'on ne parla plus, dans le monde politique, de la *pragmatique* de Ferdinand VII, jusqu'au mois de septembre 1832, époque où une maladie grave menaça les jours de ce monarque, et où l'on apprit que sur les représentations de ses ministres, et d'après le vœu de ses plus fidèles serviteurs, S. M. C. avait annulé cet acte et rendu un nouvel hommage à la loi de son auguste aïeul. Mais, peu de semaines après, les ministres furent destitués; et, le 6 octobre, un décret royal fut solennellement publié, qui conférait la régence à la reine jusqu'au rétablissement de la santé du roi. Des ordonnances, signées par cette princesse, annoncèrent aussitôt un changement total dans le système du gouvernement : les capitaines-généraux et les intendans de province, qui étaient en place depuis la *restauration* de 1823, furent destitués; et l'on remarqua que l'importance de leurs services pendant les trois années de la dernière révolution était la mesure des mauvais traitemens que le nouveau gouvernement leur faisait subir. D. *Joseph O'Donnel*, capitaine-général de la Vieille-Castille, fut arrêté et ses papiers saisis ; le comte d'*Espagne*, capitaine-général de la Catalogne, n'évita le même sort qu'en passant les frontières ; le général *Éguia*, destitué de sa place de capitaine-général de la Galice, parut également menacé de la prison ; enfin, le 31 décembre 1832, toutes les fonctions publiques ayant passé en de nouvelles mains, les corps des *volontaires royaux* étant dissous et désarmés, la *pragmatique* de Ferdinand VII, révoquée trois mois auparavant, fut de nouveau proclamée (II).

L'infant D. *Carlos*, voulant éviter des troubles dans sa patrie, s'est décidé, suivant un ancien et respectable usage de la *chrétienté* (1), à consulter les corporations savantes, dépositaires de la science des lois d'Espagne, de Portugal et d'Italie ; et ces consultations viennent d'être

(1) Louis XIV lui-même suivit cet usage avant de réclamer la Franche-Comté et une partie des Pays-Bas espagnols, au nom de la reine son épouse, fille aînée du roi d'Espagne, *Philippe IV*. « Le roi, avant de faire « éclater son droit, a voulu avoir le sentiment de toutes « les fameuses universités de l'Europe... » *Traité des droits de la reine T. C. sur divers états de la monarchie d'Espagne*. Paris, de l'imprimerie royale, 1667, p. 3.

publiées. L'opinion de la France a eu d'autres organes : dans toutes nos provinces, des hommes distingués par leur dévoûment à la patrie et par leurs talens ne cessent de défendre tous les principes de la civilisation ; de Bordeaux à Metz, de Marseille à Rouen, tous ces écrivains se sont accordés pour mettre dans le plus grand jour la légitimité des droits de D. *Carlos*, et pour montrer le danger imminent auquel, depuis quelques mois, l'Espagne se trouve exposée. Dès le 4 octobre 1832, la *Gazette du Midi*, feuille fort répandue sur nos côtes de la Méditerranée qui ont tant de rapports avec l'Espagne, exposa, avec une grande connaissance des faits, l'état de cette noble et infortunée nation ; on y remarquait ces mots : « La situation de la Péninsule prend tous les jours un nouveau caractère de gravité. Il est bien démontré aujourd'hui que les ordonnances du 7 octobre ne constituent pas seulement un changement de cabinet, mais qu'elles sont les préliminaires d'une véritable révolution..... Un député des cortès de 1820, M. *Martinez de San-Martin*, est appelé à la direction de la police du royaume ; un des auteurs de cette révolution,

« le comte de *Toreno*, rappelé par une missive
« royale, va rentrer en faveur à la cour.......
« Certes, les ministres actuels ne veulent pas la
« ruine de l'Espagne; mais en écartant les plus
« fidèles sujets du roi, en se jetant tête baissée
« dans la voie des innovations, en ranimant, par
« des nominations imprudentes, les espérances
« éteintes du parti révolutionnaire, ces ministres
« ont placé la monarchie sur une pente rapide
« et glissante d'où la moindre secousse peut la
« précipiter. Qu'ils ne se flattent pas de désar-
« mer les révolutionnaires par des concessions,
« de les rallier au monarque en adoptant une
« partie de leurs principes; ce ne sont pas les
« libertés publiques et les constitutions que veu-
« lent les révolutionnaires, c'est un bouleverse-
« ment complet. Ferdinand aura toujours, à
« leurs yeux, une tache ineffaçable : il est légi-
« time, il n'est pas né d'une révolte; et, quoi que
« l'on puisse faire, ces hommes de malheur n'au-
« ront pas de repos qu'ils n'aient traité les Bour-
« bons d'Espagne comme ils ont traité ceux de
« France. »

Les feuilles légitimistes de la capitale ont montré la même sollicitude, ont professé les mêmes opinions. Ces papiers, répandus dans toute l'Europe, ont provoqué plusieurs réponses de la *Gazette officielle* de Madrid. Cet organe du ministère espagnol, après avoir fait l'apologie du nouveau système, propose, contre la *pragmatique* de Philippe V, trois principales objections.

La 1re serait fondée sur ce que l'assemblée des *cortès* de 1713, qui vota cette loi, n'avait pas été régulièrement convoquée.

La 2e, de ce que cette loi, eût-elle été votée par une assemblée régulière, aurait été annulée par une loi postérieure, que l'on prétend avoir été adoptée par les *cortès* de 1789.

La 3e, de ce que l'*acte* de 1713 aurait, dans tous les cas, un vice radical, comme étant contraire aux lois fondamentales de l'Espagne.

De pareilles questions, qui touchent aux points les plus importans du droit public d'une antique monarchie, demandent quelques recherches : nous avons eu recours aux sources; notre écrit n'offrira guères que des citations.

CHAPITRE PREMIER.

De la pragmatique de Philippe V, et de l'assemblée des cortès de 1712 et 1713.

La renonciation de Philippe V au trône de France, pour lui et ses descendans, et la loi qui garantit la perpétuité du trône d'Espagne dans sa maison, reçurent leur autorité dans la même assemblée des *cortès ;* elles eurent la même garantie de l'Europe au congrès d'*Utrecht*, rassemblé pour mettre fin à la guerre de la succession d'Espagne, entre la maison de Bourbon et celle d'Autriche et ses alliés.

Rien de plus mémorable que ce qui se passa à cette grande époque : il faut cependant la rappeler, parce que c'est le fondement de toute la question actuelle. La reine *Anne* conçut la première idée de cette pacification, et elle en resta l'arbitre. Les propositions secrètes qui furent envoyées d'Angleterre, le 1er juillet 1811, portaient, comme l'article le plus important, *que l'on aurait des assurances positives que les couronnes de France et d'Espagne ne seraient jamais unies.* Plus tard, lord *Bolingbrocke* écrivit à M. *de Torcy* : « .... La reine m'ordonne de « vous dire que cet article est d'une si grande « conséquence, tant à son propre égard qu'à « celui de toute l'Europe, par rapport au siècle « présent et à ceux qui sont à venir, qu'elle ne « consentira jamais à continuer des négocia- « tions de paix, à moins qu'on n'accepte l'ex- « pédient qu'elle a proposé, ou quelque autre « qui soit aussi solide. »

Lord *Bolingbrocke*, qui a laissé des mémoires sur le congrès d'*Utrecht*, rapporte que son collègue au ministère, le comte d'*Oxfort*, « qui « avait ses correspondances à part, et toujours « un fil particulier de négociation entre ses « mains, conçut des espérances que l'on amè- « nerait *Philippe* à abandonner l'Espagne en « faveur du duc de *Savoie*, son beau-père, et « à se contenter des états de ce prince avec le « royaume de Naples, moyennant la conser- « vation de son droit de succession à la cou- « ronne de France. »

Louis XIV désira vivement que son petit-fils acceptât cette nouvelle proposition. Il lui écrivit, de sa main, une longue lettre, ainsi terminée : « Si la *reconnaissance* et la *tendresse* « pour vos sujets sont pour vous un puissant « motif de demeurer avec eux, je puis dire que « vous me devez les *mêmes sentimens ;* vous les « devez à votre maison, à votre *patrie*, avant « que de les devoir à l'Espagne. Je vous en « demande l'effet. Je regarderai comme le plus « grand bonheur de ma vie que vous preniez « la résolution de vous rapprocher de moi, « et de conserver les droits que vous regretterez un jour inutilement, si vous les abandonnez. »

La réponse de *Philippe V* fut « qu'il renoncerait à tous *ses droits de succession à la* « *couronne de France, plutôt que d'abandonner celle d'Espagne ;* et qu'il serait plus « avantageux à la France qu'une branche de la « maison de Bourbon régnât en Espagne, que « de mettre cette couronne sur la tête d'un « prince de l'amitié duquel elle ne pourrait « s'assurer ; avantage qui lui paraissait plus « considérable que de réunir un jour à la « France la Savoie, le Piémont, le Montferrat « et Naples... qu'il suivait le parti qui lui parais-

« sait le plus convenable à sa gloire et *au bien*
« *de ses sujets qui avaient si fort contribué,*
« *par leur attachement et leur zèle, à le main-*
« *tenir sur le trône.* »

Qu'on nous permette de remarquer ici, en lisant dans des lettres privées de Louis XIV et de son petit-fils, ses expressions de *tendresse*, de *reconnaissance* pour ses sujets, combien il a fallu de perversité et de sophismes pour qu'à la fin du même siècle, une partie d'un grand peuple traitât en ennemi un roi dont la *tendresse* pour ses sujets était bien plus profonde et plus vive (quoique moins éclairée) que les sentimens de ces deux monarques.

On peut juger combien le ministère *tory* de la reine *Anne*, qui avait tant à craindre une accusation au parlement, au sujet du traité d'*Utrecht*, dut apporter de soins à garantir, par les formes les plus solennelles, et en France et Espagne, cette renonciation de *Philippe V*. Ce ministère aurait voulu qu'un acte aussi important eût l'assentiment des *États-généraux* de France comme des *Cortès* d'Espagne; et ce ne fut qu'après avoir reconnu l'impossibilité d'obtenir de Louis XIV la convocation d'une assemblée qui n'avait pas eu lieu depuis un siècle, qu'il fut convenu que cette transaction qui réglait, en présence de l'Europe, le sort de deux grandes nations, fût enregistrée au parlement de Paris, les *princes et pairs y séant*. L'ambassadeur d'Angleterre assista à cette grande cérémonie.

Philippe V avait renouvelé auparavant sa renonciation, dans le sein des *cortès* réunies à Madrid. Il est important de rapporter les propres termes d'un écrivain espagnol, homme d'état, qui avait assisté à cette assemblée.

« ..... Au mois de septembre 1712, lord *Lesington* passa en Espagne pour y être témoin « de cette seconde renonciation que devait faire « le roi catholique à tous ses droits à la cou« ronne de France dans l'assemblée générale des « *cortès*. On convoqua les *procureurs* des villes « (ou députés chargés de procuration), les « *prélats*, les *grands* et la *noblesse* des royau« mes d'Espagne; et, le 5 octobre, le roi « prononça solennellement cette seconde renon« ciation (1). »

(1) *Mémoires du marquis de Saint-Philippe*, liv. 6.

Le même historien continue : « Les *cortès* « étaient encore assemblées à Madrid pour la « renonciation du roi, dont on a parlé, ce mo- « narque crut cette occasion favorable *pour as-* « *surer le repos de ses sujets et l'état de sa pos-* « *térité*......; et, du consentement des villes « assemblées en *cortès*, du corps de la *noblesse* « et du *clergé*, on établit un nouvel ordre de « succession, qui excluait la princesse, quoique « plus proche parente du roi régnant, dans tous « les cas où il y aurait encore des descendans « mâles du roi Philippe V, en ligne directe ou « collatérale non interrompue, à condition, « cependant, que le prince qui succéderait serait « *né et élevé en Espagne*, la couronne étant « dévolue, à ce défaut, à tout autre prince espa- « gnol plus proche parent du dernier roi, et, au « défaut de princes espagnols, à la princesse la « plus proche parente. On donna à cette con- « stitution et à ces actes *force de loi*, et elle fut » signée et publiée avec la plus grande solen- « nité. » Remarquons que Philippe V, ne voulant rien négliger de ce qui pouvait garantir le respect de la postérité aux délibérations de cette assemblée, ordonna que les villes qui avaient envoyé leurs députés pour faire partie des *cortès* qui devaient recevoir la renonciation du roi à ses droits comme prince français, s'assemblassent de nouveau, afin de donner à ces députés des pouvoirs spéciaux pour voter sur la nouvelle loi de succession au trône. Ainsi l'on peut dire que tous les organes légaux de l'Espagne participèrent à l'adoption de cette loi, et que jamais les formes d'une grande délibération nationale ne furent plus exactement observées.

Remarquons que cette nouvelle loi fut proclamée plusieurs mois avant les signatures des diverses puissances pour la paix d'Utrecht, et que l'empereur *Charles VI*, le compétiteur de *Philippe V*, fut le seul souverain qui n'y donna pas alors son assentiment. Mais, douze ans après (en 1725), le monarque autrichien, mettant un grand prix à ce que tous les états de l'Europe reconnussent sa *pragmatique*, qui appelait sa fille *Marie-Thérèse* à l'entière succession de sa maison, traita enfin avec *Philippe V* : et, de même que ce prince reconnut la *pragmatique* autrichienne, l'empereur reconnut l'autre *pragmatique*, qui assurait la perpétuité de la couronne d'Espagne à une branche de la maison de France.

Ainsi la renonciation de la seconde branche de la maison de Bourbon au trône de France, et la loi qui lui assura le trône d'Espagne, prirent place, en même temps, parmi ces monumens du droit public que l'Europe a unanimement reconnus.

Un autre écrivain contemporain, qui avait eu d'étroits rapports avec les ministres de Philippe V, a bien fait sentir la connexion de ces deux grandes transactions : « ... Cette nouvelle « loi de succession était nécessaire pour *valider* « les renonciations du feu roi catholique à la « couronne de France. La postérité de ce prince « serait lézée si on la privait de l'espérance *in-« variable* et du droit *imprescriptible* que lui « donnait, en France, la loi salique, pour ne « lui laisser, en Espagne, qu'un droit *précaire* « dont elle pourrait être frustrée *par le mariage « d'une fille du roi d'Espagne dans une mai-« son étrangère* (1). »

Ce cas se réaliserait si les *cortès* de 1833 an-

(1) Discours préliminaire du traducteur des Mémoires de M. de *Saint-Philippe*.

nulaient la loi des *cortès* de 1713. D. *Carlos* ne serait plus, en Espagne, qu'un simple seigneur du même rang (et sans prééminence aucune) que les autres *grands* d'Espagne, dont plusieurs descendent des anciens rois de *Léon*, de *Castille* et d'*Aragon*.

Remarquons encore qu'il résulterait de cette nouvelle loi, que les descendans de *Philippe V* n'étant plus *princes du sang* d'Espagne, puisqu'il n'y aurait plus de maison royale en Espagne, le motif des *renonciations* n'existerait plus ; que, par conséquent, ils rentreraient dans tous les droits de *princes français*, et que, d'après la loi salique, don *Carlos* et ses trois fils seraient les héritiers immédiats de *Henri V*.

Cette conséquence incontestable aurait été tirée, non-seulement sous Louis XV, sous Louis XVIII et Charles X, mais aussi sous l'*Assemblée constituante*, qui déclara « ne « vouloir rien *préjuger* sur les *renonciations*. » Un décret semblable à celui de Ferdinand VII aurait tout définitivement *jugé*.

CHAPITRE II.

Que la loi de succession de 1713 n'a pu être annulée, et n'a pas été annulée par les *cortès* de 1789.

Cette loi étant entrée, comme nous l'avons montré, dans le système de la pacification générale de l'Europe, en 1713, n'aurait pu être révoquée par le roi d'Espagne, sans le consentement des parties contractantes à la paix d'*Utrecht*. La longue guerre européenne que cette paix termina ayant eu pour objet d'empêcher la réunion des couronnes d'Espagne et de France sur la même tête, la *renonciation* de Philippe V, pour lui et ses descendans, garantissait bien que cette réunion n'aurait jamais lieu; mais la loi de *succession*, dans cette branche de la maison de Bourbon, pouvait seule garantir que la couronne d'Espagne ne passerait pas de nouveau, par une fille, à la maison d'Autriche, ou même ne serait pas réunie à la couronne d'Angleterre, comme le tenta *Philippe II*, lorsqu'il épousa la reine *Marie*, sœur aînée d'*Élisabeth* : et c'est ce qui fit qu'un article de la paix d'*Utrecht*, signé par toutes les puissances, appela, en cas d'extinction de la descendance de Philippe V, même à l'exclusion des princes de la première et de la troisième branche de la maison de Bourbon, un prince dont la puissance n'était alors que du troisième ordre, *le duc de Savoie*. On ne peut donc mettre en doute que s'il avait été question, dans les *cortès* de 1789, de rapporter la loi de succession, les divers souverains n'eussent réclamé ; le roi de Naples et le duc de Parme, comme étant immédiatement déshérités de leurs droits à la couronne d'Espagne ; le roi de France, pour que le mot de Louis XIV, qui avait coûté de si immenses sacrifices à la France, *Mon fils, il n'y a plus de Pyrénées!* ne cessât pas d'avoir sa réalité; le roi de Sardaigne, pour la conservation de ses droits éventuels à la couronne d'Espagne ; les autres souverains, pour le maintien de la balance de l'Europe. Mais aucun écrivain, soit espagnol, soit de toute autre partie de l'Europe, n'a parlé d'un tel acte des *cortès* de 1789. Seulement à l'époque même, il circula des bruits à Madrid, parmi la diplomatie, qui pouvaient faire croire que le gouvernement espagnol conçut un projet de ce genre, mais qu'il ne l'amena pas à exécution. Une tradition s'est conservée qu'à la fin de septembre 1789, il fut question de déroger à la pragmatique de Philippe V, ce qui, à défaut de mâles dans la ligne directe et immédiate, et au cas où le prince des Asturies et l'infant D. *Carlos* mourraient sans postérité, aurait placé la couronne sur la tête de l'infante *Charlotte*, fiancée au prince du Brésil, et aurait pu substituer ainsi la maison de *Bragance* aux branches de Bourbon, de Naples et de Parme.

D'après la même tradition, à laquelle on peut avoir foi, la communication fut faite aux membres des *cortès* en leur demandant le secret : ceux-ci, suivant l'usage, se réservèrent de communiquer ce projet à leurs commettans. Malgré toutes les précautions prises par le comte de *Florida-Blanca*, pour en dérober la connaissance aux ambassadeurs *de famille*, le marquis *del Vasto*, ministre de Naples, et le chargé des affaires de France M. *Lemarchand*, en furent informés. Celui-ci adressa une note à ce sujet à M. de *Florida-Blanca*, à la suite de laquelle il eut une communication avec ce ministre qui lui dit « qu'il avait eu tort de concevoir de l'inquiétude sur un si grave sujet, qu'il avait été trompé par de faux rapports; » enfin le ministre insista sur tout ce qui pouvait porter le chargé d'affaires de France à ne pas transmettre ses inquiétudes à sa cour comme étant suffisamment fondées.

Ce qui prouve que cette sollicitude des ministres de *famille* arrêta le projet, au cas qu'il eût eu lieu, c'est que les députés des *cortès* ne demandèrent pas de nouveaux pouvoirs à leurs commettans, ce qu'ils n'auraient pu faire sans que ce secret eût transpiré. Or, on n'a pas été moins étonné en Espagne que dans le reste de l'Europe, lorsque le décret de Ferdinand VII, du 31 mars 1830 a été publié à Madrid. On trouvera cette pièce textuellement à la fin de cet écrit. Il sera facile de voir que la prétendue délibération des cortès de 1789, qui est contenue dans le décret de Ferdinand, n'a aucune des conditions qui caractérisent une loi rendue sur la demande des *cortès :* on n'y trouve ni date, ni signature, et les cortès n'y sont pas même mentionnées.

CHAPITRE III.

Que la pragmatique de *Philippe V n'est point contraire aux lois fondamentales de l'Espagne; que les femmes ont été exclues du trône pendant les sept premiers siècles de la monarchie; loi* d'Aragon *au treizième siècle; loi* de Castille *au quatorzième. Que la pragmatique de Philippe V est d'origine espagnole; ses différences avec la loi salique.*

On appelle *lois fondamentales* les lois qui ont été données par les fondateurs des états; telles, par exemple, que la *loi salique*, qui a été rédigée par écrit sous *Clovis*; ou même les lois qui, pendant une longue suite de siècles, ont fait la force, la prospérité, la gloire, la durée d'un état, telle encore que notre *loi salique*. La loi de *Castille*, qui appelle les princesses au trône, n'est pas de ce nombre. Qu'on nous pardonne si, dans un écrit de quatre pages, nous reportons nos lecteurs aux premiers temps du moyen âge.

Le royaume d'Espagne fut fondé par les *Suèves* et les *Goths*, vers l'an 409; il fut envahi par les Mahométans, en l'an 712. Pendant ces trois siècles, les rois furent purement électifs : c'étaient les chefs de l'armée.

Six ans après l'invasion, un héros chrétien, *Pélage*, fut proclamé roi des *Asturies*. Le royaume fut encore long-temps électif : c'étaient les chefs de l'armée, mais on les choisissait toujours parmi les descendans de *Pélage*. Ces princes, à mesure qu'ils poussaient leurs conquêtes sur les *Maures*, prirent successivement les noms de rois d'*Oviédo*, de *Léon*, de *Castille*; enfin (l'an 1085) *Alphonse le Vaillant* s'empara de l'antique métropole de l'Espagne, de *Tolède*. Ce héros n'avait de postérité légitime qu'une fille : il la maria avec un vaillant guerrier français, *Raimond*, fils du comte de Bourgogne, qui était venu faire la guerre aux *Maures*; il la déclara ensuite son héritière. C'est la première femme qui ait régné dans le royaume fondé par *Pélage* : ce fut l'an 1109. Il s'écoula deux cent trente-neuf ans (sans qu'on vît une autre femme sur le trône) avant que les *cortès* de Castille adoptassent le code de *las siete partidas*, dont la loi du titre 15 de la troisième partie est invoquée par les ministres de *Ferdinand VII*.

Ce code avait été rédigé sous *Alphonse X*; mais il n'acquit force de loi que dans une assemblée des *cortès*, tenue sous *Alphonse XI*, son petit-fils, l'an 1348; et ce n'est que depuis cette époque, que les princesses ont pu être appelées légalement à la couronne de Castille. Il n'y en a eu que deux exemples : la grande reine *Isabelle* et sa fille *Jeanne la Folle*, mère de Charles-Quint.

Mais dans le siècle qui avait précédé cette nouvelle législation de la *Castille*, *Jacques Ier*, roi d'*Aragon*, avait fait passer une loi dans les *cortès* tenues à *Lérida* (l'an 1275), qui exclut les femmes du trône. Cette loi a été invariablement observée en *Aragon*.

Ainsi, *Philippe V*, héritier des deux couronnes, se conforma à l'esprit de la loi d'*Aragon* en appelant ses petits-fils au trône, jusqu'au dernier : il se conforma aux sentimens naturels qui avaient dicté la loi de *Castille*, en appelant les princesses à défaut de la descendance masculine.

La loi de Philippe V est fort distincte de la loi *salique* qui n'appelle jamais les princesses, et qui, dans le cas où il n'y aurait plus de princes de la race royale, laisse la nation rentrer dans son droit primitif d'élire ses rois.

On a déja fait remarquer que, dans le cas de l'extinction de la deuxième branche des Bourbons, la couronne d'Espagne ne passerait ni à la première ni à la troisième branche, comme la couronne de France passa, d'après la *loi salique*, des *Valois* aux *Bourbons*, mais que ce serait la maison de *Savoie* qui serait appelée.

C'est donc sans fondement que la *Gazette officielle* de Madrid reproche aux journaux *légitimistes* de France, de vouloir imposer à l'Espagne une loi française.

CHAPITRE IV.

Que les députés des trois États (*estamentos*) *doivent examiner, dans leur conscience, quel est l'héritier* légitime, *avant de lui prêter serment.*

Observations sur les réponses de la Gazette officielle *de Madrid aux journaux* légitimistes *de France.*

« Dans les états où il n'y a point de lois fon-
« damentales, la succession de l'empire ne sau-
« rait être fixe.... Le successeur est déclaré, ou
« par le prince lui-même, ou par ses ministres,
« ou par une guerre civile. Ainsi cet état a une
« raison de dissolution de plus qu'une monar-
« chie (*Esprit des lois*, l. 5, ch. 14.) »

Telle serait la position de l'Espagne si les *cortès* étaient obligées de reconnaître *passivement* pour héritier du trône la personne que le roi désignerait. Mais ce n'est pas d'après ces principes que les ministres de Ferdinand VII prétendent que les cortès sont tenues de reconnaître la jeune princesse pour héritière de la couronne (2).

C'est la loi d'*Alphonse X* qu'ils réclament

comme *loi fondamentale* du royaume. L'infant don *Carlos* réclame, au même titre, la loi de *Philippe V*. Donc les *cortès* sont juges nécessaires entre le frère et la fille de *Ferdinand VII*, comme les états-généraux de France furent juges nécessaires, après la mort de *Louis X*, entre *Philippe*, frère de ce roi, et *Jeanne* sa fille. Dénier cette suprême fonction au premier corps politique de chaque état, ce serait renoncer à l'usage universel de la *chrétienté* et ne reconnaître pour tout moyen de décision, comme dans l'antiquité parmi les rois successeurs d'*Alexandre*, ou dans les temps modernes parmi les musulmans, que la guerre civile ou les conjurations de palais.

Les ministres espagnols cherchent cependant un dénouement à cette inextricable difficulté dans un système de constitution nationale qu'ils disent être ignoré de toute l'Europe : « ..C'est « un malheur (dit la Gazette *officielle* de « Madrid), que les écrivains étrangers, même « les historiens, n'aient jamais été bien infor- « més de ce qui se passe chez nous. La *Gazette* « *de France* du 14 mars, et la *Quotidienne* « du 17, disent que l'on va convoquer les *cor-*

« *tès* d'Espagne pour *délibérer* sur la loi *fon-*
« *damentale* de la succession à la couronne....
« L'une et l'autre de ces feuilles affectent d'igno-
« rer que le rétablissement de notre ancienne
« loi fondamentale et l'annulation de tout ce
« qui s'est fait sous le règne de Philippe V en
« faveur de la loi salique, est un fait légal en-
« tièrement consommé, et que, dès-lors, il a
« l'autorité de la chose jugée; qu'ainsi *aucune*
« *délibération* ni *décision de cortès* futures n'est
« nécessaire pour que la succession directe au
« trône soit loi fondamentale de la monarchie.
« Les cortès de 1789 la demandèrent; le roi
« Charles IV l'approuva; Ferdinand VII, en
« 1830, l'a promulguée. Rien ne lui manque
« donc pour être loi actuelle, vivante et obliga-
« toire dans le for *intérieur* et extérieur.

« Il paraît que les deux feuilles dont nous
« venons de parler ignorent tout-à-fait nos pro-
« cédés en matière de législation, car la *Ga-*
« *zette de France* dit, que les cortès déferont
« ou adopteront la loi de succession, et la *Quo-*
« *tidienne*, qu'elles sanctionneront les décrets
« de 1830, ou demanderont (expression peu
« convenable) son abrogation. Quand a-t-on

« vu, dans toute notre histoire, que les cortès « défassent, *adoptent* ou sanctionnent aucun dé- « cret du roi, législateur de la monarchie dans « tous les temps? Au contraire, les cortès fai- « saient d'humbles supplications, et le monar- « que les admettait et les sanctionnait, ou bien « les rejetait. »

On a montré au chapitre précédent quelle est la valeur de cet acte attribué à *Charles IV* (III). Il faut actuellement répondre à cette demande : *quand a-t-on vu que les cortès défassent, adoptent ou sanctionnent aucun décret du roi?* Précisément lorsque les cortès de 1348 *adoptèrent* le code de *las sette partidas* que vous invoquez en faveur de la princesse, fille du roi, et contre l'infant son frère. Il faut citer le texte de l'historien *Ferreras* sur un point si important du droit politique du royaume de Castille.

« L'an 1329, au temps marqué pour la tenue « des *états-généraux* (1), qui avaient été convo- « qués à Madrid, le roi D. Alphonse partit pour

(1) M. d'Hermilly, traducteur de Ferreras, traduit toujours *las cortes* par les *états-généraux* ou les *trois états*. Philippe V accepta la dédicace de cette traduction, comme il avait accepté celle de l'historien original.

« assister à cette assemblée à laquelle se trouvè-
« rent les *prélats*, les *seigneurs* et un grand
« nombre de *députés des villes*. Le roi y exposa
« la résolution où il était de faire aux Mahomé-
« tans de Grenade, la guerre pour laquelle il
« s'était lié avec les rois d'Aragon et de Portu-
« gal, et il représenta que ses revenus et les sub-
« sides qui lui avaient été accordés par le pape,
« ne pouvant encore lui suffire pour une si
« sainte entreprise, il fallait que chacun s'effor-
« çât d'y contribuer. Les assistans goûtèrent fort
« le projet du roi, et on résolut de lui accorder,
« *pour le temps* de la guerre, outre les tributs
« ordinaires qu'on avait coutume de lui donner,
« un nouvel impôt appelé *alcavala* (impôt sur
« les marchandises). Mais faisant réflexion que
« le produit ordinaire des impôts était considé-
« rable, et étonnés de ce que le roi appuyait tant
« sur le besoin d'argent, ils crurent devoir prier
« le roi de faire rendre compte au juif *Joseph*
« qui avait l'administration des revenus de la
« couronne, parce qu'ils s'imaginèrent qu'il
« devait de grosses sommes. Le roi y ayant
« consenti, *on termina les états*.... »

« ...L'an 1348, le même roi représenta aux états

« combien la conquête de Gibraltar était im-
« portante pour la monarchie castillane, et il
« conclut par demander des subsides, et encore
« une fois le tribut appelé *alcavala*. Les états
« lui accordèrent ce qu'il souhaitait.... L'on
« publia aussi dans cette assemblée le *code des*
« *sept parties*, afin *que l'on s'y conformât* pour
« le *gouvernement du royaume* et dans *les tri-*
« *bunaux pour juger*. »

Rappelons ici que ce code avait été composé sous *Alphonse X*, et qu'il n'eut force de loi qu'après qu'*Alphonse XI* l'eut soumis à la délibération des *cortès*. Ces assemblées ne sont jamais tombées en désuétude, comme il était arrivé à l'égard de nos états-généraux. Nos assemblées nationales avaient été insensiblement remplacées, avec une sorte d'assentiment de la nation, par les parlemens dont les membres acquirent l'*inamovibilité*, ensuite l'*hérédité* dans le même temps où les états-généraux cessèrent d'être convoqués. Le *conseil de Castille*, toujours composé de magistrats *amovibles*, ne pouvait ainsi suppléer aux assemblées nationales de l'Espagne. Aussi *Philippe V* convoqua-t-il les *cortès*, de l'avis de *Louis XIV*, qui cependant, ainsi qu'on l'a vu, avait retardé la conclusion de la paix d'*Utrecht*, par lui si désirée, plutôt que de céder à la demande, formée par les ministres anglais, de faire confirmer par les *états-généraux* les renonciations de son petit-fils. Le vieux monarque ne craignit pas même de reconnaître les droits politiques de l'Espagne dans la plus solennelle des transactions. Parmi les divers traités conclus à *Utrecht*, se trouve celui qui fut signé entre *Louis XIV* et le duc de *Savoie*. On y remarque ces mots : « Le roi consent pa-« reillement et veut que la déclaration du roi « d'Espagne, qui, au défaut des descendans de « S. M. C., assure la succession de la couronne « d'Espagne et des Indes, à S. A. R. de Sa-« voie et à ses descendans, à l'exclusion de « tous autres, fasse, et soit tenue pour une « partie essentielle de ce traité, suivant toutes « les clauses exprimées dans l'acte fait par « S. M. C., *le* 5 *novembre* 1812, *passé*, *ap-« prouvé* et *confirmé* par les *états* ou *cortès* « d'Espagne par acte *du* 9 *dudit mois de no-« vembre*; lesquels actes *du roi d'Espagne et* « *des cortès* seront insérés dans le traité. »

Que devient devant de pareils témoignages le

système des ministres espagnols relativement aux attributions des *cortès?* N'est-il pas évident que les membres de cette assemblée sont tenus de délibérer, dans leur conscience, avant d'exprimer leur vote, et de le confirmer par un serment? Ce n'est pas seulement devant leur patrie, mais, cette fois, devant toute la chrétienté, qu'ils sont responsables d'une décision qui pourrait jeter dans la plus funeste anarchie quinze millions d'ames, la péninsule entière, et fortifier, d'autant, la ligue impie qui travaille incessamment à bouleverser le monde.

CHAPITRE V ET DERNIER.

Protestation de l'infant don Carlos.
Noble et sage exemple donné par ce prince à l'Espagne.

Parmi les anciens états de l'Europe, l'Espagne et l'Angleterre sont ceux où il y a eu le plus de guerres civiles à cause de l'imperfection de leurs lois sur la succession à la couronne. La réunion de la Castille et de l'Aragon par le mariage d'*Isabelle* et de *Ferdinand V*, en élevant l'Espagne à son plus haut degré de puissance, recélait cependant pour l'avenir une nouvelle occasion de guerre civile à cause de l'opposition directe dans la loi de succession des deux états. Cette grande querelle aurait pu avoir lieu dès la première génération, si *Ferdinand V* eût eu un fils de sa seconde femme *Germaine de Foix*. La couronne d'Aragon, d'après la loi de ce royaume, aurait appartenu au jeune prince; mais *Charles-Quint*, petit fils d'Isabelle et de Ferdinand n'aurait pas manqué de raisons pour réclamer l'indivisibilité des deux successions ; et Germaine de Foix étant princesse française, nièce de notre roi *Louis XII*, on ne peut douter qu'il ne s'en fût suivi une longue guerre civile mêlée de guerre étrangère. Le même cas se serait présenté à l'occasion des droits distincts de la fille et du frère de Ferdinand VII, si les cortès de Castille et d'Aragon réunies à Madrid en 1713, n'avaient donné une même loi aux deux couronnes. L'Espagne ne sera point divisée. Toute la Péninsule sollicitait, de ses voeux les plus ardens, une protestation de D. *Carlos* : ce prince l'a publiée; et les journaux l'ont rapportée en ces termes :

« Mon très cher frère et roi,

« Mon secrétaire Plazaola est venu me dire ce matin à dix heures que Cordova, ton ministre près cette cour, désirait que je lui désignasse une heure pour me communiquer un ordre royal. Je lui répondis de suite qu'il pouvait venir à midi. S'étant présenté à une heure moins quelques minutes, je l'ai fait entrer immédiatement. Il m'a communiqué ledit ordre, et après en avoir pris connaissance, je lui ai répondu que ma dignité et mon caractère ne me permettaient que de répondre directement ; que tu étais non-seulement mon roi et mon maître, mais encore mon frère, un frère bien aimé, que j'ai eu le bonheur d'accompagner dans tous ses malheurs.

« Tu veux savoir si j'ai l'intention de jurer fidélité à ta fille, comme princesse des Asturies. Combien je désirerais pouvoir le faire ! Tu dois croire à la sincérité de ce que je te dis ; car tu connais le fond de mon cœur. Oui, je m'estimerais heureux d'être le premier à jurer, et de ne pas te causer ce déplaisir et tous ceux qui seront la conséquence de mon refus ; mais ma conscience et mon honneur ne me le permettent pas. Mes droits à la couronne sont tellement sacrés, que je ne puis y renoncer ; droits que Dieu m'a donnés lorsqu'il m'a accordé l'existence, et que lui seul peut m'ôter en te donnant un enfant mâle, ce que je désire autant et peut-être plus que toi.

« Je défends, outre cela, la justice des droits de tous ceux qui viennent après moi. Je me vois donc obligé de t'envoyer la déclaration ci-jointe, que je fais avec la plus grande solennité à toi et à tous les souverains, auxquels j'espère que tu voudras bien en donner communication.

« Adieu, mon cher frère, sois bien convaincu que je serai toujours ton ami, et que je te recommanderai dans mes prières.

« Ton très affectionné frère,

« CARLOS.

« 29 avril, 1833.»

« Sire, moi Charles-Marie-Isidore de Bourbon, infant d'Espagne, bien convaincu de la légitimité des droits que j'ai à la couronne d'Espagne dans le cas où survivant à V. M. elle ne laissera pas d'enfant mâle, je dis que ma conscience et mon honneur ne me permettent pas de jurer ni de reconnaître d'autres droits. Telle est ma déclaration.

« CARLOS.

« Palais de Ramaillou (en Portugal), 29 avril 1833. »

Ce prince, profondément chrétien, excellent frère, animé de l'amour le plus vif et le plus éclairé pour sa patrie, a voulu, par sa retraite chez son neveu, le roi de Portugal, ôter tout prétexte de troubles civils à l'Espagne.

En délibérant avec calme, dans la réunion des *cortès*, le clergé, les *grands* et le noble peuple espagnol acquerront une plus grande gloire que celle qui leur a été décernée par l'Europe, pour l'immortelle défense de *Saragosse*. Il faut plus de vertu, plus de courage, pour refuser son assentiment aux volontés, même *momentanées* (II), d'un roi qu'on vénère, qu'on aime, et pour lequel on donnerait à chaque instant sa vie, que pour soutenir une guerre de six années contre un homme tel que Napoléon.

FIN.

P. S. Un philosophe publiciste, respecté de toute l'Europe, M. de *Bonald*, vient d'ajouter un grand poids à l'opinion de la France royaliste sur cette grande question européenne, par ce qu'il vient de publier : nous n'en citerons que peu de mots.

« Au milieu de toutes les erreurs politiques
« dont nous sommes les témoins et les victimes,
« la sage, la grave, l'héroïque Espagne voudrait-
« elle donner l'exemple de la plus funeste et,
« dans les circonstances où se trouve la société
« européenne, de la plus extraordinaire de
« toutes les erreurs!... »

« .... Est-ce que l'Espagne serait lasse d'être
« gouvernée par des rois nés et élevés dans son
« sein, et aspirerait-elle à passer sous la domi-
« nation de princes étrangers!.... »

(*Rénovateur. — Courrier de l'Europe,* feuille du 1er juin.)

PIÈCES ORIGINALES.

I.

PRAGMATIQUE-SANCTION *ou décret royal qui fixe l'ordre de succession à la couronne d'Espagne, donné au Palais, le* 29 *mars* 1830.

« D. Ferdinand VII, par la grâce de Dieu, roi de Castille, de Léon, etc.

« Aux infans, prélats, ducs, marquis, comtes, *ricos-hombres*, prieurs, commandeurs des ordres et sous-commandeurs, alcades des Castilles, etc., et tous autres juges ou juridictions, ministres et personnes de toutes les villes et bourgs de mes royaumes et seigneuries, tant à présent qu'à l'avenir, SACHEZ :

« Que dans les cortès qui se tinrent en 1789, en mon palais de Buen-Retiro, on s'occupa, *sur la proposition du roi* mon auguste père, qui est dans les cieux, de la nécessité et de la convenance de faire observer la méthode régulière établie par les lois du royaume et par la coutume immémoriale pour la succession à la couronne d'Espagne, en préférant l'aîné au cadet et le mâle à la femme dans les lignes respectives selon leur ordre; et ayant pris en considération les biens immenses que la monarchie avait retraits de son observation pendant l'espace de plus de sept cents ans, ainsi que les motifs et circonstances éventuels qui contribuèrent à la réforme décrétée par acte du 10 mai 1713, ils présentèrent à ses royales mains une pétition datée du 30 septembre 1789, en rappelant le grand bien qui était résulté pour ce royaume, dès avant l'époque de l'unic.. des couronnes de Castille et d'Aragon, de l'ordre de succession spécifié en la loi 2e, titre 15, 2e partie, et le suppliant de vouloir bien, sans égard pour l'innovation établie par l'acte ci-dessus cité, ordonner qu'on observât et qu'on gardât perpétuellement, dans la succession à la monarchie, ladite coutume immémoriale, comme elle avait toujours été gardée et observée, et de faire publier une pragmatique-sanction comme faite et formée en assemblée de cortès, qui établît cette résolution et dérogation à l'acte cité ci-dessus.

« *Ayant reçu cette pétition*, mon auguste père prit le parti que demandait le bien du royaume, en répondant au rapport dont la junte des assistans de cour, gouverneur et ministres de ma royale chambre de Castille, avaient accompagné la pétition des cortès : « qu'il avait pris une résolution conforme à ladite « supplique. » Mais il leur recommanda de garder pour le moment le plus grand secret, parce qu'il le jugeait utile à son service; et dans le décret dont il est question, « il ordonnait à son conseil d'expédier la « *pragmatique - sanction* d'usage en pareil cas. » Ayant égard à cette circonstance, les cortès envoyèrent à la voie réservée copie certifiée de la susdite supplique et de tout ce qui s'y rapportait, et l'on publia le tout dans l'assemblée, avec la réserve conditionnelle.

« Les troubles qui agitèrent alors l'Europe, et ceux que la Péninsule éprouva depuis, ne permirent pas l'exécution de ces importans desseins, qui demandaient des jours plus sereins. Ayant, avec l'aide de la miséricorde divine, heureusement rétabli la paix et l'ordre dont mes peuples chéris avaient si grand besoin, après avoir examiné cette grave affaire et ouï l'avis des ministres zélés pour mon service et le bien de l'état, par mon royal décret du 26 de ce mois, j'ai ordonné que, sur le vu de la pétition originale et de la résolution prise à ce sujet par mon bien-aimé père, et de la certification des premiers écrivains des cortès qui accompagnait ces documens, on publiât immédiatement la susdite loi et pragmatique en forme voulue.

« L'ayant publiée dans mon conseil général avec l'assistance de mes deux fiscaux, qui ont été entendus *in voce* le 27 du même mois, on y résolut de lui donner le complément, en l'expédiant avec force de loi et pragmatique sanction comme faite et promulguée en assemblée de cortès. En conséquence, j'ordonne qu'on observe, garde et accomplisse à perpétuité le contenu littéral de la loi 2, titre 15, 2e partie, conformément à la pétition des cortès assemblées dans mon palais de Buen-Retiro, en 1789, et dont le texte littéral suit :

« L'avantage de naître le premier est une très grande « marque d'amour que Dieu donne aux fils des rois « qui doivent avoir d'autres frères. Celui à qui il veut « faire cet honneur domine les autres, qui doivent lui « obéir et le regarder comme leur père et seigneur. « Que cela soit vrai, c'est ce que prouvent trois rai- « sons : la première selon la nature; la seconde selon « la loi, et la troisième selon la coutume. 1° Selon la « nature, car le père et la mère désirent ardemment « avoir lignage qui hérite de ce qui leur appartient, et « celui qui naît le premier et qui arrive plus à propos « pour remplir ce qu'ils désirent, doit, par consé- « quent, être plus aimé d'eux, et *il doit l'être*; 2° se- « lon la loi, car Notre Seigneur-Dieu dit à Abraham, « lorsqu'il lui ordonna, pour l'éprouver, de prendre « Isaac, son unique fils, qu'il aimait beaucoup, et de « l'immoler pour l'amour de lui, et il dit cela pour « deux raisons : la première, parce que celui-là était « le fils qu'il aimait comme lui-même, pour ce que

« nous avons dit plus haut; et la seconde, parce que « Dieu l'avait choisi pour saint lorsqu'il voulut qu'il « naquît le premier; et c'est pour cela qu'il lui en fit « le sacrifice; car, d'après ce qu'il dit à Moïse dans « la loi ancienne, tout mâle qui naîtra le premier sera « appelé chose sainte de Dieu; que les frères doivent « le regarder comme leur père; cela se démontre par- « ce qu'il est plus âgé qu'eux, et qu'il est venu le pre- « mier au monde, et qu'on doit lui obéir comme à « son seigneur; cela se prouve encore par les paroles « qu'Isaac dit à Jacob, son fils, lorsqu'il lui donna sa « bénédiction, croyant qu'il était l'aîné : Tu seras « seigneur de tes frères, et les enfans de ton père se « tourneront vers toi, et celui que tu béniras sera bé- « ni, et celui que tu maudiras, la malédiction tom- « bera sur lui. Ainsi donc, par toutes ces paroles, on « donne à entendre que le fils aîné a le pouvoir sur « ses autres frères, comme père et seigneur, et qu'ils « le doivent regarder comme tel. De plus, d'après « l'ancienne coutume, les pères *ayant communément* « *pitié* des autres enfans, ne voulurent pas que l'aîné « eût tout, mais que chacun d'eux eût sa part; néan- « moins, les hommes sages et savans dans les affaires « de succession reconnaissent que la répartition ne « pouvait pas avoir lieu en ce qui concerne les royau- « mes, à moins de vouloir les détruire, d'après ce que

« dit Notre Seigneur Jésus-Christ, que tout royaume
« partagé serait ravagé, considérant comme de droit,
« que la seigneurie ou royaume doit écheoir uniquement au fils aîné, après la mort de son père.

« Et cela a été toujours mis en usage dans tous les
« pays du monde où l'on eut la seigneurie par lignage,
« et principalement en Espagne; c'est afin d'éviter
« plusieurs maux qui arrivèrent et qui pourraient arriver encore, qu'on fut d'avis que la seigneurie du
« royaume serait toujours l'héritage de ceux qui viendraient en ligne droite; et c'est par cette raison
« qu'on établit que, s'il n'y avait pas d'enfans mâles,
« la fille aînée hériterait du royaume, et qu'on ordonna encore que, si le fils aîné venait à mourir
« avant d'hériter, s'il laissait, de sa femme légitime,
« un fils ou une fille, que le premier et ensuite la seconde l'auraient, et non aucune autre personne;
« mais, si tous ceux-là venaient à mourir, le royaume
« devait être l'héritage du parent le plus prochain,
« s'il était homme capable, et s'il n'avait rien fait
« pour perdre cet héritage. Ainsi donc, par toutes
« ces choses, le peuple est obligé de regarder le fils
« aîné du roi comme son souverain, pour le bien véritable du royaume. C'est pourquoi quiconque agirait en opposition de ce qui vient d'être dit ci-dessus serait traité comme traître, et, comme tel, il

« recevrait la punition dont sont passibles, d'après « l'usage, ceux qui méconnaissent le pouvoir du « roi.

« En conséquence, je vous mande à tous.... »

Donné au Palais, le 29 mars 1830. Moi, le roi.

....

II.

DÉCRET *du roi d'Espagne, du* 31 *décembre* 1832.

« Mon esprit royal ayant été surpris dans les momens d'agonie où me conduisait la grave maladie dont m'a sauvé, d'une manière prodigieuse, la miséricorde divine, j'ai signé un décret dérogeant à la pragmatique-sanction du 29 mars 1830, déjà arrêté par mon auguste père, à la demande des cortès de 1789, pour rétablir la succession régulière à la couronne d'Espagne.

« Le trouble d'une situation dans laquelle il semblait que la vie allait m'abandonner indiquerait assez le manque de délibération de cet acte, si la nature et ses effets ne le manifestaient pas.

« En qualité de roi, je ne pourrais détruire les lois fondamentales du royaume dont j'avais publié le rétablissement ; et, comme père, je ne pourrais, avec une volonté libre, dépouiller mes descendans de leurs droits augustes et légitimes.

« Des hommes déloyaux ou trompés environnèrent mon lit, et, abusant de mon amour et de celui de ma chère épouse pour les Espagnols, augmentèrent son affliction, ajoutèrent à la douleur de ma situation, en assurant que le royaume tout entier était opposé à l'observation de la pragmatique, et en me peignant les torrens de sang et de désolation universelle qui s'en suivraient si elle n'était pas abolie.

« Cette déclaration atroce, faite dans des circonstances au milieu desquelles c'est un devoir plus sacré d'annoncer la vérité, pour les personnes les plus obligées de me la dire, et lorsque je n'avais ni le temps ni la faculté de la vérifier, consterna mon esprit fatigué, et absorba ce qui me restait d'intelligence pour ne penser à autre chose qu'à la paix et à la conservation de mes peuples, faisant autant qu'il était en moi, comme je le dis dans le même décret, ce sacrifice à la tranquillité de la nation espagnole.

« La perfidie acheva l'horrible trame commencée par la séduction, et, dans ce jour, se répandirent des certificats de ce qui avait été fait, avec l'insertion du décret, brisant déloyalement le sceau que j'avais ordonné de respecter jusqu'après ma mort.

« Instruit maintenant de la fausseté avec laquelle on a calomnié la loyauté de mes chers Espagnols, toujours fidèles à la descendance de leur roi; bien persuadé qu'il n'est ni en mon pouvoir, ni dans mes désirs, de déroger à la coutume immémoriale de la succession établie par les siècles, sanctionnée par la loi, justifiée par les illustres héroïnes qui me précédèrent sur le trône, et sollicitée par le vote unanime du royaume; libre, dans ce jour, de l'influence et de la contrainte de ces funestes circonstances, je déclare solennellement, de ma pleine volonté et de mon propre mouvement, que le décret signé au milieu des angoisses de ma maladie m'a été arraché par surprise; que ce fut un effet des fausses terreurs dont on a assailli mon esprit; qu'il est nul et de nulle valeur, étant opposé aux lois fondamentales de la monarchie et aux obligations qui me sont imposées comme roi et comme père; envers mon auguste descendance. »

III.

Observations sur le décret du 29 mars 1830.

Les ministres de *Ferdinand VII* disent que ce fut sur la proposition de *Charles IV* que les *cortès* de 1789 présentèrent une pétition relative à la succession à la couronne. Donc ces ministres reconnaissent que ce ne furent pas les villes qui chargèrent leurs députés de demander l'abolition de la loi adoptée par les *cortès* de 1713.

Mais une loi fondamentale de l'Espagne, et à laquelle *Philippe V* ne manqua pas à se conformer, comme on l'a rappelé au chapitre Ier, c'est que, lorsque le roi fait une proposition aux *cortès*, autre que celle pour laquelle ce corps a été convoqué, les députés sont tenus de demander de nouveaux pouvoirs à leurs commettans. C'est aussi ce que firent les députés aux *cortès* de 1789 : « ils prirent le projet *ad referendum* à leurs commettans. » Tels sont les termes qui ont été conservés dans la tradition déja citée ; mais comme le secret fut recommandé par les ministres de ce temps, cette communication ne put avoir lieu. Ainsi les villes n'ont pu donner aucun pouvoir ; ce qui est d'ailleurs démontré par la lecture de la pièce qu'on veut faire considérer comme une demande des *cortès*.

Observations sur la pétition attribuée aux cortès de 1789.

Il n'y a rien dans cette pièce qui annonce le vœu de la nation pour l'annulation de la loi de *Philippe V* et pour le rétablissement de la loi d'*Alphonse X*. Ces deux actes des cortès de 1348 et de 1713 n'y sont pas même mentionnés. Ce n'est qu'une théorie des plus étranges sur le droit d'*aînesse*, qui contient même un outrage aux préceptes de la loi naturelle et de la loi révélée, outrage renfermé dans ces propositions : « que les parens doivent aimer da-« vantage leurs fils aînés que les puînés....... que « cependant ils accordent *communément* de la *pi-« tié* à leurs autres enfans. » Qui a jamais pu penser qu'il fût permis aux parens de distribuer inégalement leur affection à leurs enfans? Qui ne sait que le *droit d'aînesse*, dans le peuple choisi de Dieu, se rapportait à un ordre surnaturel, à l'avènement du Messie, ainsi que toutes les lois propres à ce peuple, contenues dans l'Ancien Testament? Qui ne sait que le *droit* d'*aînesse*, ou la faculté transmise aux nations modernes par le droit romain, qui, pour le bien de l'État et la conservation des familles, donne aux parens la faculté d'augmenter l'héritage de l'un de leurs enfans, ne tient pas à une préférence d'affection, et que le plus souvent les parens compensent par de plus tendres soins pour les enfans puînés, le sacrifice que des lois et des usages consacrés par vingt siècles leur imposent en faveur d'un de leurs fils, plus particulièrement destiné à conserver la demeure, le patrimoine et les traditions honorables de chaque famille ; surtout en Espagne, où d'antiques familles, tant de l'ordre commun que de la noblesse, forment héréditairement ces corporations municipales, la force et l'honneur des deux royaumes de la péninsule?

On ne trouverait pas en Espagne, pas plus que dans tout autre pays du monde, un père de famille qui voulût signer ces déplorables propositions qu'on voudrait attribuer au corps qui représente cette nation. Aussi ces lignes, qu'on ne sait comment qualifier, ne portent ni date, ni signature, et l'on peut garantir que parmi les membres des cortès de 1789, qui étaient à peu près au nombre de cent, et dont il reste au moins un dixième, on n'en trouverait pas un seul qui ne repoussât, comme la plus cruelle injure, l'accusation d'avoir donné son assentiment à une pièce ainsi rédigée. Cette pièce a cependant été trouvée dans les archives de l'État, puisqu'on l'affirme ; mais il est impossible de la considérer comme la manifestation des vœux de la nation espagnole. Qui donc put inspirer ce projet à *Charles IV*? Qui put faire agréer au petit-fils de *Philippe V* l'idée de faire sortir la couronne de sa maison? Les ambassadeurs de *famille*, qui, ainsi que nous l'avons dit (p. 24), eurent connaissance de cette tentative, virent aussitôt dans quels intérêts elle avait été conçue.

Charles III mourut le 14 décembre 1788. Dès ce jour, la toute-puissance passa aux mains de la nouvelle reine : elle assista au conseil, tout comme le roi, et elle y dicta ses volontés. Cette princesse avait perdu plusieurs enfans mâles ; il lui en restait deux, le prince des Asturies, aujourd'hui *Ferdinand VII*, âgé de cinq ans, et l'infant don *Carlos*, qui avait à peine un an. Si elle perdait aussi ces deux princes, l'héritier du trône aurait été le frère du roi, *Ferdinand IV*, roi de Naples, dont l'épouse était l'archiduchesse *Marie-Caroline*. Dans le cas de viduité, la nouvelle reine se voyait réduite, par la loi de *Philippe V*, à la plus complète obscurité et à la jouissance de son *douaire*, elle à qui les trésors des *Indes* ne purent suffire pour satisfaire à ses profusions, jusqu'à ce qu'enfin ses déportemens, trop connus, eurent amené sa famille à Bayonne, et jeté l'Espagne dans les malheurs qui, sans la ferme sagesse et le courage des vrais Espagnols, pourraient encore se renouveler.

Ce fut donc dans l'unique intérêt de cette reine, et pour que, dans tous les cas, elle pût rester maîtresse de l'Espagne, sous le nom de l'une de ses deux filles, qu'eut lieu ce projet auquel *Charles IV* ne donna cependant pas de suite dans les dix-neuf années que dura son règne, depuis les *cortès* de 1789. Sur quo il y a une question de droit public qui reste encore à examiner.

Lorsqu'une nation peut exercer l'*initiative* dans la législation, comme il y a deux siècles, la France, par les *cahiers* des Etats-généraux, comme l'Espagne, jusqu'à nos jours, par les *cahiers* de ses cortès; que ces corps politiques demandent une loi; que le monarque laisse passer vingt années sans adopter et publier cette loi, et que son successeur laisse écouler encore vingt années sans s'occuper d'une demande qui n'a pas été renouvelée et qui est entièrement oubliée, peut-il publier cette même loi comme étant le vœu de son peuple? et dans quel temps l'Espagne pourrait-elle désirer de voir substituer une reine d'un an, et une régente de vingt, à un prince d'une expérience consommée; et dont l'aîné des trois fils est en âge d'être placé à la tête de l'armée? Est-ce dans le temps même où *Mina*, se présentant sur les frontières, a osé ainsi menacer l'Espagne : « Nous recueillons avec « amitié ceux qui se rendent sous nos bannières, « pour y servir la cause sacrée de la liberté; voulant « *oublier* toute conduite antérieure et tout esprit de « parti.... seulement pour ceux qui *s'opposeraient à* « *nous* ou nous *manqueraient de foi* dans la suite, « nous établirons une *prompte* et *sévère* justice. »

(*Proclamation de Mina du* 30 *octobre* 1830.)

Or, quelle est cette *prompte et sévère justice* que promet Mina? La voici; elle est développée dans une autre de ses proclamations publiée en Catalogne au *mois d'avril* 1823.

« Article 1er. Tous ceux qui auront fait partie d'une « *junte* ou de toute espèce de corporation *opposée au* « *système actuel* du gouvernement, ou qui auront « enrôlé pour porter les armes, ou *conspiré* contre « la constitution, seront *irrémissiblement fusillés* au « *même instant* qu'ils seront pris. »

« Article 2. Toute commune dans laquelle on son- « nera le tocsin contre les troupes ou les *individus* « constitutionnels, sera *incendiée* et réduite en cen- « dres jusqu'à ce qu'il n'en reste pas pierre sur « pierre. »

Et le dauphin de France s'approchait, dans ce temps, de Madrid, à la tête de cent mille hommes!

Et *Mina* et ses compagnons refusaient encore à Sir W. Court, et à M. *Canning* d'accorder une amnistie aux royalistes!

Et ce serait en présence de tels hommes que l'Espagne voudrait répudier un prince d'une sagesse et d'une fermeté de caractère universellement reconnues, pour se mettre sous l'égide d'une jeune reine et d'un enfant!

Observations sur le décret du 31 décembre 1832.

On peut juger, par cette ordonnance de *Ferdinand VII*, combien, pour la conservation des maisons royales autant que pour l'intérêt des peuples, tous les sujets fidèles, tous les amis de leur patrie doivent mettre du zèle et de la constance à maintenir les lois politiques, fruit de l'expérience des siècles. Dans l'intervalle de trois mois, un roi affaibli par une grande maladie, change deux fois la loi de succession au trône; en septembre appela son frère, en décembre, sa fille. Sur ces deux *jugemens* du monarque, car c'est un *jugement* et non un *testament*, il ne peut manquer d'y avoir un *appel*. Ce sera l'*Espagne* qui appellera du jugement de décembre; mais combien il serait heureux que les *trois états* convoqués en *cortès* dès 1814 eussent repris l'usage des délibérations nationales, et eussent appris aux peuples à attendre leurs décisions; c'est ce que n'ont cessé de désirer les *légitimistes* de France, les meilleurs amis qu'aient eus les *légitimistes* d'Espagne et leurs fidèles compagnons d'armes et de fortune, dans la guerre défensive qu'ils font contre les révolutions.

Au même moment où les royalistes de France furent frappés, dans le cœur du duc de *Berry*, par le poignard de Louvel; ils apprirent la rébellion militaire de l'*île de Léon*. L'opinion de ces vrais Français était alors réprésentée et défendue par les hommes les plus distingués par leurs services et leurs talens; M. de Chateaubriand publia dans le *Conservateur* d'importantes réflexions sur les deux événemens qui menacèrent les deux monarchies: il voulait trouver dans les antiques institutions de l'Espagne un solide et constant appui contre ses audacieux ennemis; il disait: « Les *anciennes cortès* sont tombées en désué« tude; et par cette raison même, on aurait eu, en « les faisant revivre, l'avantage de trouver une espèce « de constitution nouvelle dans une ancienne institu« tion. La grande erreur de ceux qui veulent le gou« vernement représentatif, sans l'aimer au fond, « et surtout sans le connaître, c'est de croire qu'ils « puissent l'établir sur d'autres bases que sur celles « qui fondent toutes les sociétés, la religion et la jus« tice; c'est de penser qu'il puisse se fonder dans la « démocratie, et qu'il ne soit pas sujet à mille formes, « selon les temps, les lieux et les mœurs. On peut « être libre avec les vieilles *cortès* de l'Espagne... « *Ferdinand VII* saura bien juger dans sa sagesse le « moment où il sera bon de fortifier son pouvoir par « des institutions politiques... »

Le général *Joseph O'Donnel* battit et dispersa complètement l'armée de l'île de *Léon*. (C'est ce même capitaine-général de la vieille Castille qui a été si justement honoré de la destitution et de la prison, lorsqu'il y a six mois, c'était la récompense des plus fidèles serviteurs du roi et de la monarchie.) Mais le 7 mars suivant (1820) une autre conspiration militaire, à la tête de laquelle était le gouverneur de Madrid, fit prisonnier le roi dans son propre palais. M. de *Chateaubriand*, ministre des affaires étrangères, après avoir rendu vaine, malgré l'habileté et la chaleur du zèle de M. *Canning*, la protection dont l'Angleterre couvrait les révolutionnaires de la Péninsule, s'adressant aux chambres françaises au sujet de notre intervention en faveur du monarque et de la nation espagnole, s'exprima, en 1823, sur les lois politiques de l'Espagne comme il l'avait fait en 1820... « La France « ne prétend pas imposer des institutions à l'Espagne : « assez de libertés nationales reposent dans les lois « des anciennes *cortès* d'Aragon et de Castille, pour « que les Espagnols y trouvent à la fois un remède « contre le despotisme et l'anarchie.... »

IV.

Observations historiques qui peuvent servir à éclaircir tout le fond de cette discussion *sur les renonciations des princesses espagnoles, mariées en France; sur le testament de Charles II; sur les lois d'Aragon; sur l'état politique de don* Carlos, *d'après la pragmatique de* 1830.

Les rois d'Espagne de la maison d'Autriche voulurent prendre des précautions pour que la même loi qui avait donné le trône d'Espagne à l'archiduc d'Autriche, depuis *Charles V*, ne le donnât pas un jour à la maison rivale de la leur, à la maison de France. En conséquence, lorsque *Philippe III* donna sa fille *Anne* à Louis XIII, il lui fit signer une renonciation à la succession d'Espagne; lorsque *Philippe IV* donna sa fille *Marie-Thérèse* à Louis XIV, il lui fit signer une semblable renonciation. *Charles II*, fils unique de Philippe IV, n'ayant point d'enfant, et sentant sa fin approcher, fit examiner, par son conseil d'état, à qui le trône devait appartenir après lui.

Les petits-fils de sa sœur, *Marie-Thérèse*, étaient les plus proches : le duc de Bourgogne devant avoir le trône de France, c'était son frère, le duc d'*Anjou*, que la loi désignait pour le trône d'Espagne. Cependant comme il était appelé au trône de France, à défaut de son frère aîné, il fut proposé, dans ce conseil, d'appeler le petit-fils d'*Anne* d'Autriche, le duc d'*Orléans*. Cet avis fut rejeté uniquement parce que *Philippe III* avait fait approuver par les *cortès* les renonciations de sa fille. *Philippe IV*, au contraire, malgré les conseils et l'insistance de son célèbre ministre, don *Louis de Haro*, n'avait pas voulu donner cette autorité aux renonciations de sa fille, femme de Louis XIV. Les historiens n'en disent pas la raison; mais on peut conjecturer que n'ayant qu'un fils qui fut toujours infirme, il ne voulut pas mettre un trop grand obstacle à ce que ses descendans par sa fille eussent le trône d'Espagne. C'est ce défaut de l'assentiment des *cortès* aux renonciations de la princesse, femme de Louis XIV, qui seul donna la préférence au duc d'Anjou.

Cependant Charles II, fort attaché à sa maison, mais ne voulant pas violer les lois de l'Espagne, soumit la question au chef de l'Église, en lui envoyant tous les actes des *cortès*, toutes les ordonnances des rois, qui pouvaient fonder une décision. Le pape jugea que les lois d'Espagne donnaient la succession au petit-fils de la sœur du roi. Ainsi l'acte de Charles II n'exprima sa volonté propre, ses affections, qui étaient toutes pour la maison d'Autriche : il prononça un *jugement* que l'opinion nationale respecta et approuva.

Ferdinand VII ne peut, pas plus que *Charles II*, disposer, suivant ses affections, du trône d'Espagne. Il peut indiquer son vœu ; mais ce vœu ne peut avoir de valeur qu'autant que la nation l'approuvera. Ce sera donc aux *cortès* à prononcer entre le jugement porté, en septembre 1832, en faveur des droits de son frère, et le jugement prononcé, en faveur de sa fille, le mois de décembre suivant.

Nous avons rappelé que les lois d'*Aragon* excluaient les femmes de la couronne ; mais elles n'excluent pas le fils d'une fille du roi. C'est ainsi qu'*Édouard III* voulait que les États-généraux de France entendissent la loi salique : il était petit-fils de *Philippe-le-Bel*, par sa fille, et *Philippe de Valois* n'était que son neveu, mais par son frère. *Philippe de Valois* gagna son procès, d'après la loi de France ; *Édouard III* l'aurait gagné d'après la loi d'Aragon : mais cette dernière loi, qui admet les descendans des rois par femmes, exclut les femmes elles-mêmes. Ainsi, indépendamment de la loi de *Philippe V*, adoptée par les *cortès* réunies de Castille et d'Aragon, l'antique loi d'Aragon appellerait incontestablement don *Carlos* à succéder à Ferdinand.

L'auteur de cette loi, *Jacques Ier*, roi d'Aragon, était contemporain de *S. Louis* : pendant les six siècles qui se sont écoulés depuis cette époque, il n'y a pas eu de reine régnante en Aragon. Aucun peuple ne tient autant à ses lois et à ses sentimens politiques : *Barcelone*, défendue pendant quinze mois après la paix d'*Utrecht*, contre les forces espagnole et française, en est un trop mémorable exemple.

Quant à la Castille, jamais peuple ne fit d'aussi constans, d'aussi immenses sacrifices pour un roi et sa dynastie que cette majeure partie de l'Espagne en fit pour *Philippe V*. Les peuples dépendant de l'une et de l'autre couronne (1) repoussent donc, avec la même chaleur, quoique d'après des traditions diverses, la *pragmatique* de 1830. Déja l'horreur commune pour les révolutionnaires modernes avait, depuis quarante années, détruit l'antique rivalité de l'Aragon, comme celle du Portugal, contre la Castille. Aujourd'hui, les hordes révolutionnaires de l'Europe, menaçant de faire irruption en Espagne, sous la bannière

(1) La *couronne* d'Aragon renferme les royaumes d'Aragon et de Valence, la principauté de Catalogne et les îles Baléares; la *couronne* de Castille renferme le reste de l'Espagne, à l'exception de la Navarre, de la Galice et de la Biscaye, qui ont leurs lois et leurs *cortès* particulières.

de la fille de Ferdinand, réuniraient tous les Espagnols, de même que tous les Portugais se sont réunis contre ces mêmes bandes portant les enseignes de dona *Maria*.

De l'Espagne et de la France.

Les princes du sang de France disaient, avec raison, « que la couronne de France appartenait à leur « maison, et que l'aîné la portait. » Une loi, gravée depuis quatorze siècles « non sur le marbre et sur l'airain, mais dans le cœur des Français, » garantissait le trône à tous les princes de cette maison, par ordre de primogéniture. Jusqu'au dernier, ils étaient tous, de siècle en siècle, *candidats* à la couronne; et l'avocat-général *Bignon*, qui a dit ce mot si souvent répété, avait vu arriver *Henri IV*, séparé cependant par trois siècles et par onze générations, du dernier roi, son aïeul, de *S. Louis*.

Les Espagnols, obligés de combattre sans cesse, et avant et après *Pélage*, élisaient les chefs de leur armée, qui étaient leurs rois. La première loi sur la succession au trône de Castille fut, comme on l'a déja fait remarquer, de l'année 1348, et cette loi ne substitua pas la couronne dans une même maison royale; elle y appela tout prince étranger, français, allemand, anglais, qui épouserait la première fille d'un roi qui n'aurait pas de fils. Les frères de ce roi, étant ainsi exclus, n'avaient pas le droit de s'appeler *princes du sang;* aussi cette dénomination n'était-elle pas connue en Espagne avant *Philippe V*. Rien n'y était au-dessus des *grands;* et Louis XIV, à l'avènement de son petit-fils, ayant voulu régler les rapports des deux cours, et donner aux *grands* d'Espagne le rang de *ducs et pairs* de France, les *grands* d'Espagne réclamèrent le premier rang, qui était celui des *princes du sang*. Louis XIV n'eut garde d'admettre cette prétention; mais la *pragmatique* de Philippe V put seule y mettre fin. Ce monarque ayant fondé, avec l'assentiment de l'Europe à la paix d'*Utrecht*, une *maison d'Espagne*, par une conséquence nécessaire, il créa des *princes du sang* d'Espagne; mais, par une conséquence nécessaire aussi, ce rang serait aboli avec la *pragmatique* de Philippe V.

Mais aussi, comme on l'a déja remarqué, la seconde branche des descendans de Louis XIV ayant perdu le droit héréditaire au trône d'Espagne, seul motif de ses renonciations, rentrerait dans le droit que la *loi salique* (si la nation française voulait revenir à cette loi) lui donnait, par ordre de primogéniture, au trône de France.

Qu'on nous permette de faire remarquer au sujet de la *loi salique*, que c'est cette loi qui a principalement distingué les deux monarchies de France et d'Espagne, dès leur origine et jusqu'à nos jours. Les rois *suèves* et *goths*, et leurs compagnons d'armes, tous *ariens*, après avoir envahi l'Espagne, en persécutèrent les peuples, tous catholiques, détruisirent les églises ou s'en emparèrent. Cette oppression de l'Espagne dura près de deux siècles, jusqu'au temps de leur roi *Récarède*, qui fut converti à la foi catholique par les inspirations d'une princesse française, comme, vers le même temps, une autre princesse française prépara la conversion des Anglo-Saxons.

Clovis et ses compagnons, au contraire, reçurent la foi catholique dès leur entrée dans la première ville de cette partie de la Gaule qui allait bientôt s'appeler la *France*. Ce fut *S. Remi* qui donna la sanction, le principe de vie, à la loi salique : les évêques, chefs des cités gauloises, furent, comme l'a remarqué *Gibbon*, les vrais fondateurs de la monarchie française. Aussi la loi salique a-t-elle paru ne devoir régner en France, qu'autant qu'y régneraient les anciens principes; elle devait y être abolie lorsque l'athéisme du dix-huitième siècle les aurait fait momentanément oublier. Nos adversaires ont, sur ce sujet, les mêmes pensées que nous : ce qu'ils redoutent *uniquement*, c'est de voir la religion florissante. Ils ont publié dans leurs feuilles, et ils n'ont pas dissimulé à la *tribune*, que, s'ils avaient conspiré pendant quinze ans pour détrôner Charles X, c'était contre l'*apostolique*, contre le *jésuite*, c'est-à-dire contre le *chrétien*, qu'ils avaient conspiré. Les *caricatures* qu'ils faisaient circuler avant leur triomphe, dont ils couvrirent, depuis, les murs de la capitale, faisaient toutes allusion à sa piété : l'auguste fille de *Louis XVI* fut associée au même honneur (1). Plus tard, on représenta le roi sous la figure d'un *mendiant*, portant toujours sur lui les signes de sa foi. L[illegible]is Français, qui passaient devant ces images, forcés [illegible]lever leurs pensées vers un autre ordre de choses, ne pouvaient s'empêcher d'éprouver une pieuse et profonde joie, en songeant que ce *mendiant* avait distribué, par année, sept millions à des indigens ; que les deux princes, ses fils, et les deux princesses, ses filles, étaient la *providence* de toutes les pauvres familles du royaume, dont l'incendie avait détruit la

(1) Au sujet de ces *caricatures*, un homme de beaucoup d'esprit, qui a célébré la révolution de 1830, s'est exprimé ainsi, dans un écrit publié peu de temps après les *journées* de juillet :

« Pour connaître *le lien* que forment les mêmes mœurs « et les mêmes habitudes, il suffit de remarquer que, « dans les *caricatures* qui paraissent, et que je n'approuve « ni ne blâme, parce que nous n'en sommes pas encore « aux convenances dans les rues, la figure de *Madame la* « *duchesse de Berry* ne se montre pas. Pourquoi ? C'est « qu'elle vivait du moins à la manière de la France ac- « tuelle, et qu'elle n'offre ainsi aucun ridicule à saisir. »

Mais alors pourquoi donc ne garda-t-on pas cette princesse et son fils ?

chaumière, dont l'intempérie des saisons avait ruiné la récolte, et que les députés des départemens ne s'adressaient jamais à l'une de ces personnes royales, sans en obtenir ces secours. Aussi ce n'est pas le *peuple français* qui a fait la guerre à ces princes, pas plus que le *peuple français* ne la fit à *Louis XVI*, en 1789, et à *Louis XVIII*, au 20 *mars*.

Du Portugal et de la France.

On a rappelé (p. 27) qu'*Alphonse le Vaillant*, qui était contemporain de notre roi *Philippe Ier*, n'ayant point de fils, fut le premier roi de la Castille qui transmit la couronne à sa fille, mais qu'avant de proposer aux *cortès* et à ses compagnons d'armes une chose si nouvelle pour un peuple toujours dans les camps, il lui donna pour époux un héros français, *Raimond*, fils du comte de Bourgogne, qui était venu combattre les Maures. Un autre guerrier français accourut sous les bannières d'*Alphonse le Vaillant* : c'était *Henri*, fils du duc de Bourgogne (1); il lui donna une autre de ses filles (en 1095). Ce prince alla chasser les Maures de l'Occident de l'Espagne; il délivra un peuple opprimé depuis quatre siècles; il releva les églises; il fonda le royaume de *Portugal*. Son fils donna des lois à ce

(1) Sa descendance de *Hugues-Capet*, de père en fils, a été démontrée dans l'*Art de vérifier les dates*, troisième édition in-fol., t. 2, p. 497.

nouveau royaume. Dans les *cortès* de Lamégo, il fit passer dans les lois du Portugal la disposition de la loi salique, qui exclut du trône tout prince né ou *devenu* étranger (1); c'est cette disposition qui, à la différence des autres royaumes de la Péninsule, a conservé la même race, depuis Henri de Bourgogne jusqu'à don *Miguel Ier*. Louis XIII seconda puissamment les Portugais, lorsque, en 1641, ils rétablirent l'héritier légitime, le duc de *Bragance*. Dans une guerre où cette nation si fidèle à ses lois et à ses princes, est attaquée par des ennemis bien autrement redoutables que ne l'était le faible petit-fils de *Philippe II*, un grand nombre d'officiers français, de l'ancienne garde de *Charles X*, ont voulu continuer l'antique fraternité. Don *Miguel* a cru devoir à ses sujets, qui seuls l'ont

(2) On sait que ce fut d'après cette antique loi française que le dernier descendant de *Charlemagne*, Charles, duc de *la Basse-Lorraine*, fut exclu du trône. Le parlement de France jugea que Charles était devenu *étranger* pour avoir fait hommage de cette province à l'empereur d'Allemagne. Les *cortès* de Lisbonne de 1828 ont appliqué de même à D. *Pédro*, et à bien plus juste titre, l'antique loi des *cortès* de *Lamégo*. Non-seulement D. *Pédro* avait reçu d'un peuple qui s'était déclaré *souverain* le titre de son premier magistrat, mais ce fut comme *empereur du Brésil* qu'il fit une guerre maritime au *Portugal*, guerre qui a été terminée par un traité de paix *entre les deux états*.

porté sur le trône, de ne pas mêler un seul étranger dans leurs rangs; mais cette noble pensée n'a-t-elle pas eu de fâcheuses suites? n'a-t-elle pas retardé la délivrance d'*Opporto?* Les Portugais et leur roi ne pourraient-ils pas imiter les Espagnols qui, ayant eu à combattre, il y a dix ans, les mêmes ennemis, ont appelé et accueilli ces mêmes Français comme leurs alliés naturels, comme des frères?

En considérant ce peuple portugais, si uni autour de son roi, abandonné cependant de tous les rois aux révolutionnaires de l'Europe, qui marchent vers leur but comme *un seul homme*, combien l'on sent la nécessité d'une sainte union entre tous ceux qui, en Europe, veulent conserver *leurs autels* et *leurs foyers*. Ne nous le dissimulons pas : comme on l'a dit, *les rois s'en vont* : deux, même, d'entre eux, *en s'en allant*, nous combattent. Cependant la société humaine, la société chrétienne ne périra point; c'est le ciel qui la conserve.

FIN.

P. S. L'auteur de l'excellent ouvrage intitulé *Cours d'Histoire des États Européens*, M. *Schœll*, a parfaitement montré (t. 31, p. 163) combien la *pragmatique* de *Philippe V* différait de la *loi salique*. Je me félicite de m'être rencontré avec ce savant écrivain.

DE L'IMPRIMERIE D'A. PIHAN DE LA FOREST,
rue des Noyers, n° 37.

www.ingramcontent.com/pod-product-compliance
Ingram Content Group UK Ltd.
Pitfield, Milton Keynes, MK11 3LW, UK
UKHW031940260826
14628UKWH00004B/1750

9 782016 179901